El profeta

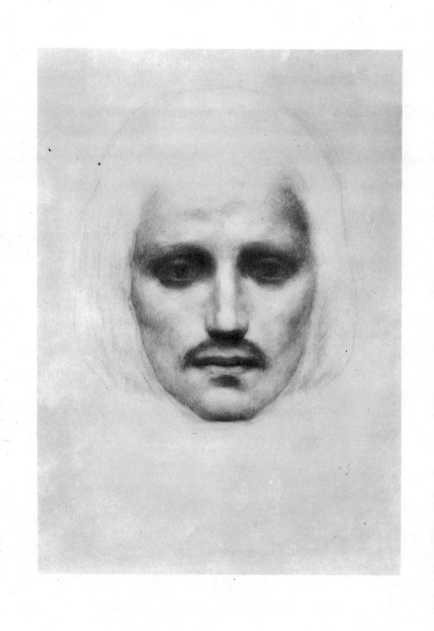

Kahlil Gibrán

El profeta

Traducción de Mauro Armiño

VINTAGE ESPAÑOL
Vintage Books
Una división de Random House, Inc.
Nueva York

PRIMERA EDICIÓN DE VINTAGE ESPAÑOL, FEBRERO 1999

Traducción y prólogo copyright © 1996 de Mauro Armiño
Copyright © 1996 de Editorial EDAF, S. A., Jorge Juan, 30, Madrid

Este libro fue publicado por primera vez en inglés, en forma encuadernada,
bajo el título *The Prophet*, por Alfred A. Knopf, Inc., New York, en 1923.
Copyright 1923 de Kahlil Gibrán
Renovación de Copyright 1951 por Administrators C. T. A. of Kahlil Gibran Estate
y Mary G. Gibran

Library of Congress Cataloging-in-Publication Data
Gibran, Kahlil, 1883–1931.
[Prophet. Spanish]
El profeta / Kahlil Gibrán : traducción y prólogo de Mauro Armiño.
—1a. ed.
p. cm.—(Vintage español)
Includes bibliographical references.
ISBN 0-375-70162-1
1. Prose poems, American—Translations into Spanish.
2. Mysticism—Poetry. I. Armiño, Mauro. II. Title. III. Series.
PS3513.I25P718 1998
811'.52—dc21   97-47423
CIP

Diseño del libro de Cathryn S. Aison

www.randomhouse.com

Impreso en los Estados Unidos de América
10 9 8 7 6 5 4 3 2 1

Indice

Cronología de Kahlil Gibrán

1883 Nacimiento de Kahlil Gibrán el 6 de diciembre,
en Becharre, población del norte del Líbano.

1894 Emigración de la familia a Boston. Su hermanas-
tro Pedro, sus hermanas Sultana y Mariana, su
madre y Gibrán se dirigen por Trípoli y Beirut a
Estados Unidos, dejando al padre en el pueblo
natal.

1896–1900 Regreso de Gibrán a Beirut para estudiar en la
Escuela de la Sabiduría. Se aficiona al dibujo y a
la escritura. Primer borrador en árabe de *El
profeta*.

1901–1903 Pasa por Grecia, Italia y España camino de Paris,
donde residirá dos años estudiando pintura.
Escribe *Espíritus rebeldes*, que será quemado

públicamente nada más editarse. Su autor fue
excomulgado por la iglesia Católica Maronita, a
la que pertenecía la familia de Gibrán.

1903–1908 Regreso a Boston: han muerto su hermano, una
hermana y su madre, atacados de tuberculosis.
Sólo sobrevive su hermana Mariana, a cuyo
lado pasará la mayor parte de su vida. Se dedica
a la pintura, exponiendo sus obras con cierto
éxito. Conoce a Miss Mary Haskell, que actuará
en la vida de Gibrán como protectora y
consejera.

1908–1910 Viaje a París para seguir sus estudios pictóricos.
Exposiciones.

1910–1917 Regresa a Boston, pero al poco tiempo traslada
de forma definitiva su residencia a Nueva
York, donde expone en repetidas ocasiones.

1917–1922 Período de gran dedicación a la escritura: nuevo
borrador, todavía en árabe, de *El profeta*. En
esa misma lengua escribirá *Alas rotas*, *Las
tempestades*, *Lágrimas y sonrisas*, *Ninfas del Valle*,
Las procesiones. En 1918 aparece en inglés *El loco;*
al año siguiente sus *Veinte dibujos*, y en 1920
El precursor.

1922–1929 Su vida se limita a la edición de libros y a la preparación de exposiciones. Aparece en 1923 la versión definitiva de *El profeta,* en inglés, seguida poco después de su traducción en árabe, con un prólogo original para esa edición. *Arena y espuma* (1926), y *Jesús, el hijo del hombre* (1928) son los libros más importantes del período.

1931 El 10 de abril, en Nueva York, muere Kahlil Gibrán. Sus restos son trasladados al Líbano, y enterrados en el convento de Mar Sarquís. Aparecen, cuidados por su biógrafa, Bárbara Young, libros póstumos como *Los dioses de la tierra, El vagabundo, El jardín del profeta.*

El profeta

*Las doce ilustraciones en este volumen
fueron reproducidas de los dibujos
originales del autor*

Almustafa, el elegido, el bienamado, aurora de su propio día, había aguardado durante doce años en la ciudad de Orfalís el regreso del barco que debía devolverle a la isla que le vio nacer.

Y en el duodécimo año, el séptimo día de Ailul, mes de las cosechas, subió a la colina que se alzaba junto a los muros de la ciudad, y miró el mar: y divisó su barco surgiendo entre la bruma.

Se abrieron entonces de par en par las puertas de su corazón, y dejó volar su júbilo sobre el mar, a lo lejos. Y cerrando los ojos, meditó en el silencio de su alma.

Pero cuando bajaba de la colina una honda tristeza se apoderó de él, y pensó en su corazón: «¿Cómo podré marcharme en paz y sin pesar? . . . No . . . No podré abandonar esta ciudad sin un desgarrón en mi alma.

Muchos han sido los días de dolor que pasé entre sus muros y largas las noches de soledad infinita . . .

¿Quién puede separarse sin pena de su dolor y de su soledad?

Muchos fragmentos de espíritu he derramado yo en estas calles, y muchos son los hijos de mis anhelos que caminan desnudos entre estas colinas; ¿cómo alejarme de ellos sin agobio y sin aflicción?

No es una túnica lo que hoy me quito, es una piel lo que desgarro con mis propias manos.

Ni es un corazón suavizado por el hambre y por la sed.

Pero más no puedo detenerme.

El mar, que llama todo hacia su seno, me llama ahora a mí, y debo embarcarme.

Porque quedarse aquí, aunque las horas ardan en la noche, es helarse, cristalizarse, quedar preso en un molde.

Gustoso llevaría conmigo todo cuanto hay aquí, pero, ¿cómo llevármelo?

Una voz no puede llevarse consigo la lengua y los labios que le prestaron alas. Una voz debe buscar el éter.

Y sola, sin su nido, volará el águila desafiando al sol.»

Cuando hubo llegado al pie de la colina, miró de nuevo al mar, vio su barco acercándose a puerto, y en la proa marineros, hombres de su propia tierra.

· · ·

Y su alma desde el fondo les gritó:

«Hijos de mi antigua madre, jinetes de las mareas: ¡cuán a menudo habéis surcado mis sueños!

Y ahora venís en mi despertar, que es mi más profundo sueño.

Dispuesto estoy a partir, y mi impaciencia, con las velas desplegadas, sólo aguarda el viento.

Una vez más, la última, aspiraré una bocanada de este aire quieto, sólo una vez más miraré hacia atrás amorosamente.

Y luego estaré entre vosotros, navegante entre los navegantes.

Y tú, ancha mar, madre sin sueño, la única que eres paz y libertad para el arroyo y el río.

Permite un meandro más a esta corriente, un murmullo más a esta cañada; y luego iré a tu encuentro, como gota infinitesimal en un océano sin límites.»

Y mientras caminaba veía a lo lejos a los hombres y mujeres dejar sus campos y sus viñas y dirigirse presurosos hacia las puertas de la ciudad.

Y oyó sus voces que le llamaban por su nombre, y que a gritos, de un campo a otro, se participaban la llegada del barco.

Y se dijo a sí mismo:

«¿Será acaso el día de la partida el del encuentro?

¿Será mi crepúsculo en realidad mi aurora?

¿Y qué ofreceré yo a quien dejó su arado en la mitad del surco, o a quien detuvo la rueda de su lagar?

¿Se convertirá mi corazón en un árbol cargado de frutos que yo pueda recoger para regalárselos?

¿Manarán mis deseos como una fuente para que yo llene sus copas?

¿Seré un arpa bajo los dedos del Poderoso, o una flauta por la que fluya su aliento?

Buscador de silencios: eso es lo que soy; mas, ¿he hallado acaso en los silencios un tesoro que pueda ofrecer sin desconfianza?

Si es éste mi día de cosecha, ¿en qué campos sembré la semilla, y en qué olvidadas estaciones?

Si es ésta, en verdad, la hora en que debo levantar mi antorcha, no será mi llama la que arderá en ella.

Vacía y oscura alzaré mi antorcha.

Y el guardián de la noche la llenará de aceite y la encenderá.»

En palabras dijo estas cosas. Pero en su corazón quedó mucho sin decir. Ni él mismo podía expresar su secreto más profundo.

Y cuando entró en la ciudad, toda la gente fue a su encuentro y a gritos le llamaban con voz unánime.

Y los ancianos de la ciudad se acercaron y dijeron:

«No nos abandones todavía.

Fuiste un mediodía en nuestro crepúsculo y tu juventud nos ha enseñado a soñar.

No eres extranjero entre nosotros; tampoco un huésped, sino nuestro hijo y nuestro bienamado.

Que no tengan que sufrir nuestros ojos hambre de tu rostro.»

Y los sacerdotes y las sacerdotisas le dijeron:

«No permitas que las olas del mar nos separen, ni que los años que viviste entre nosotros se conviertan en recuerdo.

Como espíritu has caminado entre nosotros, y tu sombra fue luz sobre nuestros rostros.

Mucho te hemos amado, mas nuestro amor no tuvo palabras, y estuvo cubierto con velos.

Mas ahora clama en voz alta y se alza para revelarse ante ti.

Así ocurrió siempre: el amor no conoce su honda profundidad hasta el momento de la separación.»

Y otros vinieron también a suplicarle. Mas él no respondió. Sólo se limitó a inclinar la cabeza, y quienes estaban a su lado vieron rodar lágrimas por su pecho.

Y él, y la gente con él, se dirigieron hacia la gran plaza, frente al templo.

. . .

Y del santuario salió una mujer llamada Almitra, que era vidente.

Y él la miró con inefable tenura, porque fue la primera que le buscó y creyó en él cuando apenas llevaba un día en la ciudad.

Y ella le saludó diciendo:

«Profeta de Dios, buscador de infinitos; mucho tiempo has horadado la distancia en busca de tu barco; ahora tu barco es llegado, y te urge el partir.

Honda es tu nostalgia por la tierra de tus recuerdos, por esa morada de tus mayores deseos. No te atará nuestro amor, no detendrán tu paso nuestras necesidades.

Mas antes de que nos dejes te rogamos que nos hables y nos des el don de tu verdad.

Nosotros se lo daremos a nuestros hijos, y a los hijos de nuestros hijos, y así no perecerá.

En tu soledad has sido el centinela de nuestros días, y en tu vigilia has oído el llanto y la risa de nuestro sueño.

Por eso ahora te pedimos que nos descubras a nosotros mismos, y nos digas cuanto te ha sido revelado sobre el nacimiento y la muerte.»

Y él respondió:

«Pueblo de Orfalís, ¿de qué puedo hablaros sino de lo que en todo momento vibra en vuestras almas?»

Y Almitra dijo entonces: «Háblanos del Amor.»

Y él alzó su cabeza, paseó su mirada entre la gente, y se produjo un silencio; entonces con voz fuerte, dijo:

«Cuando el amor os llegue, seguidlo.

Aunque sus senderos sean arduos y penosos.

Y cuando os envuelva bajo sus alas, entregaos a él.

Aunque la espada escondida entre sus plumas os hiera.

Y cuando os hable creed en él.

Aunque su voz sacuda vuestros sueños como hace el viento del norte, que arrasa los jardines.

Porque igual que el amor os regala, así os crucifica.

Porque así como os hace prosperar, así os siega.

Así como se remonta a lo más alto y acaricia vuestras ramas más delicadas que tiemblan al sol, así descenderá hasta vuestras raíces y las sacudirá desarraigándolas de la tierra.

.   .   .

Como a mazorcas de maíz os recogerá.

Os desgranará hasta dejaros desnudos.

Os cernerá hasta libraros de vuestro pellejo.

Os molerá hasta conseguir la indeleble blancura.

Os amasará para que lo dócil y lo flexible brote de vuestra dureza.

Y os destinará luego al fuego sagrado, para que podáis convertiros en el sagrado pan para el sagrado festín de Dios.

Todo esto hará el amor con vosotros, para que conozcáis los secretos de vuestro propio corazón y así lleguéis a convertiros en un fragmento del corazón de la Vida.

Mas si vuestro miedo os hace buscar sólo la paz y el placer del amor, entonces mejor sería que cubrierais vuestra desnudez y os alejarais de sus umbrales hacia un mundo sin estaciones, donde reiréis, pero no con toda vuestra risa; donde lloraréis, pero no con todas vuestras lágrimas.

El amor no da sino a sí mismo, y nada toma sino de sí mismo.

El amor no posee ni quiere ser poseído.

Porque el amor se basta en el amor.

.   .   .

Cuando améis, no digáis: "Dios está en mi corazón", sino, "Estoy en el corazón de Dios".

Y no creáis que podréis dirigir el curso del amor: será él quien si os halla dignos dirigirá vuestro curso.

El amor no tiene más deseo que realizarse.

Mas si amáis y no podéis evitar tener deseos, que vuestros deseos sean éstos:

Fluir y ser como el arroyo que murmura su melodía en la noche.

Conocer el dolor de la excesiva tenura.

Caer heridos por vuestro propio conocimiento del amor, y sangrar plena y alegremente.

Despertar al alba con un corazón alado y dar gracias por otro día más de amor.

Reposar al mediodía y meditar sobre el éxtasis amoroso.

Volver al hogar cuando la tarde cae, volver agradecidos.

Y dormir luego con una plegaria por el ser amado en vuestro corazón y con una canción de alabanza en vuestros labios.»

Nuevamente Almitra habló y dijo: «¿Qué tienes que decirnos del Matrimonio, Maestro?»

Y ésta fue su respuesta:

«Nacisteis juntos y juntos permaneceréis para siempre.

Aunque las blancas alas de la muerte dispersen vuestros días.

Juntos estaréis en la memoria silenciosa de Dios.

Mas dejad que en vuestra unión crezcan los espacios.

Y dejad que los vientos del cielo dancen entre vosotros.

Amaos uno a otro, mas no hagáis del amor una prisión.

Mejor es que sea un mar que se mezca entre las orillas de vuestras almas.

Llenaos mutuamente las copas, pero no bebáis sólo en una.

Compartid vuestro pan, mas no comáis de la misma hogaza.

Cantad y bailad juntos, alegraos, pero que cada uno de vosotros conserve la soledad para retirarse a ella a veces.

Hasta las cuerdas de un laúd están separadas, aunque vibren con la misma música.

Ofreced vuestro corazón, pero no para que se adueñen de él.

Porque sólo la mano de la Vida puede contener vuestros corazones.

Y permaneced juntos, mas no demasiado juntos:

Porque los pilares sostienen el templo, pero están separados.

Y ni el roble ni el ciprés crecen el uno a la sombra del otro.»

Y una mujer que estrechaba una criatura contra su seno se acercó y dijo: «Háblanos de los Hijos.»

Y él respondió:

«Vuestros hijos no son vuestros hijos.

Son los hijos y las hijas del anhelo de la Vida, ansiosa por perpetuarse.

Por medio de vosotros se conciben, mas no de vosotros.

Y aunque estén a vuestro lado, no os pertenecen.

Podéis darles vuestro amor; no vuestros pensamientos: porque ellos tienen sus propios pensamientos.

Podéis albergar sus cuerpos; no sus almas: porque sus almas habitan en la casa del futuro, cerrada para vosotros, cerrada incluso para vuestros sueños.

Podéis esforzaros por ser como ellos, mas no tratéis de hacerlos como vosotros: porque la vida no retrocede ni si detiene en el ayer.

Sois el arco desde el que vuestros hijos son disparados como flechas vivientes hacia lo lejos.

El arquero es quien ve el blanco en el camino del infinito, y quien os doblega con Su poder para que Su flecha vaya rauda y lejos. Dejad que vuestra tensión en manos del arquero se moldee alegremente. Porque así como El ama la flecha que vuela, así ama también el arco que se tensa.»

Entonces un hombre rico dijo: «Háblanos de las Dádivas.»

Y él respondió:

«Dais muy poco cuando lo que dais es de vuestro patrimonio.

Sólo dais realmente cuando dais algo de vosotros mismos.

¿Qué son vuestras posesiones sino cosas que atesoráis por temor a necesitarlas mañana?

Y mañana, ¿qué traerá el mañana al perro previsor que entierra huesos en la arena no tocada mientras sigue a los peregrinos hacia la ciudad santa?

Y, ¿qué es el temor a la necesidad sino la necesidad misma?

Cuando el pozo está lleno, ¿no es realmente el miedo a la sed una sed insaciable?

Algunos dan un poco de lo mucho que tienen, y lo dan buscando el agradecimiento: ese deseo oculto convierte sus dádivas en algo sin valor.

Algunos tienen poco, y lo dan todo.

Estos son los que creen en la vida y en la generosidad de la vida: su cofre nunca está vacío.

Algunos dan con placer, y ese placer es su recompensa.

Algunos dan con dolor, y ese dolor es su bautismo.

Algunos dan y no conocen el dolor de dar, ni buscan el placer de dar, ni lo dan conscientes de la virtud de dar.

Dan como el mirto en el valle que ofrece su fragancia al aire.

Por las manos de los que son como esos seres habla Dios, y desde el fondo de sus ojos Dios sonríe sobre el mundo.

Bueno es dar cuando os piden, pero mejor es dar antes, movidos del propio corazón.

Y para el hombre de puño abierto, la búsqueda del menesteroso es mayor placer aún que el dar.

¿Y hay algo vuestro que pueda guardarse?

Todo cuanto tenéis será dado algún día.

Dad pues ahora, para que la estación de las dádivas sea vuestra y no de vuestros herederos.

A menudo decís: "Yo daría, pero sólo a quien lo merezca".

Los árboles de vuestro huerto no hablan así, ni los rebaños de vuestros campos.

Dan para poder vivir, porque guardar es morir.

Porque quien es digno de recibir sus días y sus noches merece recibir de vosotros todo lo demás.

Y quien mereció beber el océano de la vida, merece llenar su copa en vuestro arroyuelo.

¿Hay merecimiento mayor que el de quien da el valor y la confianza —no la caridad— de recibir?

¿Y quién sois vosotros para que los hombres os muestren su seno y os descubran su soberanía, quién sois para atreveros a ver al desnudo sus méritos y su dignidad?

Mirad primero si merecéis ser donadores y los instrumentos de la dádiva.

Porque en verdad, es la vida la que da a la vida, mientras que vosotros que os creéis dadores no sois más que testigos.

Y vosotros los que recibís —todos sois receptores— no asumáis sobre vosotros el peso de la gratitud, para no uncir con un mismo yugo a vosotros y a quien os da.

Alzaos junto con el donante cuando da por encima de sus dádivas como sobre alas.

Porque exagerar vuestra gratitud es dudar de su generosidad, que tiene por madre a la tierra de corazón abierto y a Dios por padre.»

Entonces un anciano posadero dijo: «Háblanos de la Comida y de la Bebida.»

Y él respondió:

«Ojalá pudierais vivir de la fragancia de la tierra, y ser como las plantas aéreas sustentadas por la luz.

Pero ya que debéis matar para comer, y robar al recién nacido la leche materna para saciar vuestra sed, haced que éstos sean actos de adoración.

Y haced que vuestra mesa sea un altar donde se sacrifiquen los puros y los inocentes del bosque y la pradera en aras de lo que todavía hay de más puro e inocente en el hombre.

Cuando matéis un animal, decidle en vuestro corazón: "Por el mismo poder que se sacrifica, también yo seré sacrificado e igualmente consumido.

La misma ley que te ha puesto en mis manos me dejará a mí en manos más poderosas.

Tu sangre y la mía no son sino la savia que alimenta el árbol del cielo".

. . .

Y cuando mordáis una manzana, decidle en vuestro corazón:

"Tus semillas habitarán en mi cuerpo.

Y las yemas de tu mañana florecerán en mi corazón.

Y tu fragancia será mi aliento.

Y juntos gozaremos en las estaciones de la eternidad".

Y en el otoño, cuando cosechéis las uvas de vuestras viñas para guardarlas en el lagar, decidles en vuestro corazón:

"También yo soy una viña, y mi fruto será llevado al lagar.

Y como vino nuevo seré guardado en odres eternos".

Y en invierno, cuando apuréis el vino, haced que en vuestro corazón haya siempre un canto para cada copa.

Y dejad que en ese canto vibre un momento el recuerdo de los días otoñales, un recuerdo de la viña y del lagar.»

Luego un labrador dijo: «Háblanos del Trabajo.»

Y él respondió:

«Trabajáis para ir al ritmo de la tierra y del alma de la tierra.

Porque permanecer ocioso es ser un extraño para las estaciones y desertar del cortejo de la vida, que camina con majestad y orgullosa sumisión hacia el infinito.

Cuando trabajáis sois una flauta a través de cuyo corazón el murmullo de las horas se convierte en melodía.

¿Quién de vosotros querría ser un caramillo mudo y silente mientras todo lo demás canta al unísono?

Siempre os han dicho que el trabajo es maldición, y el laboreo un infortunio.

Mas yo os digo que cuando trabajáis cumplís una parte del más remoto sueño de la tierra, una parte que os fue asignada a vosotros cuando el sueño nació.

Y trabajando estáis en verdad amando a la vida.

Y amar a la vida mediante el trabajo es estar en intimidad con el secreto más recóndito de la vida.

Mas si en vuestra aflicción llamáis dolor al nacimiento y maldición escrita sobre vuestra frente a lo que sostiene la carne, entonces os contesto que sólo el sudor de vuestra frente lavará lo que en ella está escrito.

Os han dicho también que la vida es oscuridad, y en medio de vuestro cansancio no hacéis sino repetir, como eco, lo que dijo el hastiado.

Mas yo os digo que en verdad la vida es oscuridad cuando no hay actividad ninguna.

Que toda actividad es ciega cuando no hay conocimiento.

Que todo conocimiento es vano cuando no hay trabajo.

Que todo trabajo es vacío cuando no hay amor.

Porque cuando trabajáis con amor estáis en armonía con vosotros mismos, y con los demás, y con Dios.

. . .

Y, ¿qué es trabajar con amor?

Es tejer la tela con hilos extraídos de vuestro corazón, como si el ser amado por vosotros fuera a usar esa tela.

Es levantar una morada con cariño, como si el ser más amado por vosotros fuera a vivir en ella.

Es sembrar con ternura y cosechar con alegría, como si el ser más amado por vosotros fuera a alimentarse con los frutos.

Es infundir en todas las cosas que creáis el aliento de vuestro propio espíritu.

Y saber que todos los muertos queridos están a vuestro lado, y os observan.

Con frecuencia os he oído decir, como si hablaseis en sueños:

"Quien trabaja en el mármol y talla en la piedra la forma de su propia alma, es más noble que quien ara los surcos.

Y quien rapta el arco iris para plasmar sus colores sobre una tela a imagen de un hombre, es más que quien hace las sandalias".

Mas yo os digo no en sueños, sino cuando más despierto estoy, que el viento habla con igual dulzura a los gigantescos robles que a las hierbas más insignificantes; y que sólo es grande quien transforma la voz del viento en melodía, más dulce aún gracias a su propia capacidad de amar.

. . .

El trabajo es amor hecho presencia.

Y si no podéis trabajar con amor, sino con digusto, mejor es que dejéis vuestra tarea y os sentéis a la puerta del templo para pedir limosna a quienes trabajan con gozo.

Porque si amasáis el pan con indiferencia, estáis haciendo un pan amargo que sólo a medias aplacará el apetito de un hombre.

Y si pisáis las uvas de mala gana, vuestra desgana destila veneno sobre el vino.

Y aunque cantéis como los ángeles, si no amáis el canto estáis impidiendo que los oídos del hombre escuchen las voces del día y las voces de la noche.»

Entonces fue una mujer la que pidió: «Háblanos de la Alegría y de la Tristeza.»

Y él respondió:

«Vuestra alegría es vuestra tristeza sin máscara.

Y el mismo pozo del que mana vuestra risa, ha estado con frecuencia lleno de vuestras lágrimas.

¿Cómo podría ser de otra manera?

Cuanto más profundo ahonde el pesar en vuestro corazón, más alegría podrá contener.

La copa que contiene vuestro vino, ¿no es la misma que estuvo quemándose en el horno del alfarero?

Y el laúd que serena vuestro ánimo, ¿no es la misma madera que fue ahuecada con cuchillos?

Cuando tembléis de alegría, mirad en lo hondo de vuestro corazón y comprobaréis entonces que sólo aquello que os ha dado tristeza os está devolviendo alegría.

Cuando tembléis de tristeza, mirad nuevamente en vuestro corazón, y comprobaréis que estáis llorando por lo que antes fuera vuestra alegría.

. . .

Algunos de vosostros soléis decir: "La alegría es superior a la tristeza", y otros: "No, la tristeza es superior".

Mas yo os digo que ambas son inseparables.

Juntas llegan, y cuando una se sienta a vuestro lado en la mesa, la otra espera durmiendo en vuestra cama.

Realmente estáis como el fiel de la balanza entre vuestra alegría y vuestra tristeza.

Sólo cuando estáis vacíos vuestro peso está quieto y en equilibrio.

Cuando el guardián del tesoro os llame para pesar su oro y su plata, vuestra alegría o vuestra tristeza harán oscilar a un lado o a otro el fiel de la balanza.»

Se adelantó un albañil y dijo: «Háblanos de las Casas.»

Y él respondió:

«Levantad con vuestra imaginación una enramada en la selva, mejor que construir una casa dentro de las murallas de la ciudad.

Porque aunque en vuestro ocaso sintáis deseos de hogar, de igual manera ese otro yo vagabundo que en vosotros habita anhelará siempre la lejanía y la soledad.

Vuestro cuerpo es vuestra mayor morada.

Crece bajo el sol y duerme en la quietud de la noche. Y sueña. ¿No sueña acaso vuestra morada? ¿No abandona soñando la ciudad para buscar el bosquecillo o la cima de la colina?

¡Ay, si yo pudiera juntar vuestras moradas en mi mano y, como hace el sembrador, desparramarlas por bosques y praderas!

Querría que los valles fueran vuestras avenidas, y los verdes caminos vuestras callejuelas, para que pudierais buscaros unos a otros por los viñedos y luego volvierais con la fragancia de la tierra prendida a vuestras ropas.

Pero aún no es la hora de que esto suceda.

En su miedo vuestros antepasados os pusieron demasiado cerca unos de otros. Ese miedo todavía ha de durar. Durante cierto tiempo aún las murallas de vuestra ciudad separarán vuestros hogares de vuestros campos.

Y decidme, pueblo de Orfalís, ¿qué tenéis en esas casas? ¿Qué guardáis tras puertas y candados?

¿Tenéis paz, el ánimo sereno que revela vuestro poder?

¿Tenéis recuerdos que como lucientes arcos unen las cimas de la mente?

¿Tenéis la belleza, que lleva el corazón desde las casas hechas en madera y piedra hasta la montaña sagrada?

Decidme: ¿tenéis eso en vuestras casas?

¿O solamente comodidades, y ansia de comodidad que a escondidas penetra en la casa como advenedizo y luego se convierte en invitado y finalmente en amo y señor?

Y ¡ay!, llega a ser el domador, y con látigo y garfio hace marionetas de vuestros mayores deseos.

Sus manos son de seda, mas su corazón de hierro.

Arrulla vuestro sueño, mas sólo para colocarse

junto a vuestro lecho y escarnecer la dignidad de la carne.

Se burla de vuestros sentidos para tirarlos luego en el cardal como si fueran frágiles barquillas.

En verdad os digo que la concupiscencia de comodidad mata la pasión del alma, y luego acompaña entre muecas y risas el funeral.

Mas vosotros, criaturas del espacio, vosotros, los inquietos en el descanso, no seréis atrapados ni domados.

Vuestra casa no será ancla, sino mástil.

No será la cinta brillante que cubre la herida, sino el párpado que protege la pupila.

No plegaréis las alas para cruzar las puertas, ni inclinaréis vuestra cabeza para no golpearla contra el techo, ni temeréis respirar por miedo a que las paredes se agrieten y derrumben.

No habitaréis tumbas hechas por los muertos para los vivos.

Y aunque vuestra casa sea magnífica y espléndida, no aprisionará vuestro secreto ni encerrará vuestros anhelos.

Porque lo que en vosotros es infinito, habita en la casa del cielo, cuya puerta es la niebla de la mañana y cuyas ventanas son los cantos y los silencios de la noche.»

Un tejedor pidió: «Háblanos de la Vestimenta.»

Y él respondió:

«Vuestras ropas ocultan mucho de vuestra belleza, mas no esconden lo que no es bello.

Y aunque busquéis en las prendas de vestir la libertad de lo personal, quizá halléis en ellas un arnés y una cadena.

Ojalá fuerais al encuentro del sol con algo más de vuestra piel y algo menos de vuestras ropas.

Porque el aliento de la vida palpita en la luz del sol, y la mano de la vida en el viento.

Algunos decís: "Es el viento del norte el que ha tejido las ropas que llevamos".

Mas yo os digo: Sí, fue el viento del norte.

Pero lo tejió en el telar de la vergüenza, y la debilidad de carácter fueron sus hijos.

Y cuando su trabajo estuvo terminado, se echó a reír en medio del bosque.

No olvidéis que el pudor no es ninguna coraza contra los ojos del impuro.

Y cuando el impuro ya no exista, ¿qué será el pudor sino cadenas e impureza de la mente?

Y no olvidéis que la tierra goza al sentir vuestros pies desnudos, y que el viento anhela jugar con vuestros cabellos.»

Y un mercader dijo: «Háblanos de la Compra y de la Venta.»

Y él respondió:

«La tierra os brinda sus frutos, y con sólo que aprendáis a llenar vuestras manos no pasaréis necesidades.

Y en el intercambio de los frutos de la tierra hallaréis abundancia y satisfacción.

Pero si el intercambio no se hace con amor y bondadosa justicia, llevará a unos a la codicia, a otros al hambre.

Cuando vosotros, mercaderes del mar, de los campos y de los viñedos, encontréis en el mercado a tejedores, alfareros y cosecheros de especias, invocad al espíritu de la tierra para que os acompañe en los tratos y santifique las balanzas y medidas, y para que tase la recíproca relación de los valores.

Y no permitáis que el hombre de manos estériles participe en vuestros tratos, porque trataría de vender sus palabras al precio de vuestro trabajo.

A esos hombres decidles:

"Venid con nosotros a los campos, o id con nuestros hermanos al mar, y arrojad vuestras redes.

Porque tierra y mar serán tan generosos con vosotros como lo son con nosotros".

Y si acudieran los cantores y los bailarines y los tañedores de flauta, no dejéis de comprar lo que os ofrezcan.

Porque también ellos son colectores de frutos y de inciensos, y lo que traen, aunque está hecho de sueños, es abrigo y alimento para vuestro espíritu.

Y antes de abandonar el mercado, comprobad que nadie se vuelve con las manos vacías.

Porque el espíritu de la tierra no dormirá en paz sobre el viento hasta no ver satisfechas las necesidades del más pequeño de vosotros.»

Y uno de los jueces de la ciudad, adelantándose dijo: «Háblanos del Crimen y del Castigo.»

Y él respondió:

«Cuando vuestro espíritu vaga en el viento, entonces, solos y desprevenidos, cometéis una falta con los demás, y por lo tanto con vosotros mismos.

Y por ese error cometido, debéis llamar a la puerta del bienaventurado, y esperar un instante.

Como el inmenso mar es el dios en vuestro yo: siempre se mantiene libre de mancha.

Y como el éter, sólo eleva a lo que tiene alas.

Como el sol es el dios en vuestro yo: no conoce las galerías del topo ni los agujeros donde se guarece la serpiente.

Pero el dios en vuestro yo no habita sólo en vuestro ser.

En vosotros todavía hay mucho que es hombre, y mucho que todavía no lo es, una forma grotesca que camina dormida entre la niebla en busca de su propio despertar.

Y del hombre que hay en vosotros quisiera hablar ahora.

Porque es él, y no el dios en vuestro yo ni la forma grotesca que camina entre la niebla, el que conoce el crimen y el castigo del crimen.

A menudo os he oído hablar del hombre que comete un delito como si él no fuera uno de vosotros sino un extraño y un intruso en vuestro mundo.

Mas yo os digo que de igual forma que el más santo y el más justo no puede elevarse por encima de lo más sublime que existe en cada uno de vosotros, tampoco el débil y el malvado pueden caer más abajo de lo más bajo que existe en cada uno de vosotros.

Y de igual forma que ni una sola hoja se torna amarilla sin el silente conocimiento del árbol todo, tampoco el malvado puede hacer el mal sin la oculta voluntad de todos vosotros.

Como en peregrinación, camináis todos juntos hacia el dios en vuestro yo. Vosotros sois el camino y el caminante.

¡Ay! Y cae por quienes le precedieron, por aquellos que más ágiles y seguros en su paso no apartaron sin embargo el obstáculo del camino.

Y sabed esto también, aunque mis palabras hieran con fuerza vuestros corazones.

El asesinado es también responsable de su propio asesinato.

Y el robado es también responsable de su propio robo.

Y el justo no es inocente de los actos del malvado.

Y el puro no es ajeno a los actos del felón.

Sí, porque muchas veces el condenado es víctima del ofendido. Y con más frecuencia aún, el reo carga con la culpa del inocente y del puro.

No podéis separar al justo del injusto, ni al bueno del malvado.

Porque juntos están frente al rostro del sol, de igual forma que el hilo blanco y el hilo negro están juntos en la trama del tejido.

Y cuando el hilo negro se rompe, el tejedor revisa la tela entera, y también el telar.

Si alguien de vosotros llevara a juicio a la mujer infiel, poned también en la balanza el corazón de su marido, y pesad también en la balanza la verdad de su alma.

Y haced que quien quiera castigar al ofensor escudriñe bien antes el espíritu del ofendido.

Y si alguno de vosotros quisiera castigar en nombre de la justicia, y descargar el hacha contra el tronco malo, haced que mire bien sus propias raíces.

Y en verdad os digo que encontrará las raíces del bien y del mal, de lo fructífero y de lo estéril juntas y entretejidas en el silente corazón de la tierra.

Y vosotros, jueces, que pretendéis ser justos.

¿Qué sentencia pronunciaréis contra quien, aunque honesto según la carne, es ladrón en espíritu?

¿Qué condena impondréis a quien asesina según la carne cuando él mismo ha sido muerto en el espíritu?

Y, ¿cómo juzgaréis a quien en sus acciones es impostor y tirano, si a su vez también es ofendido y humillado?

Y, ¿cómo castigaríais a aquellos cuyo remordimiento es mayor ya que su delito?

¿No es remordimiento la justicia administrada según la ley misma que deseáis servir?

Y, sin embargo, no podréis imponer el remordimiento en el corazón del inocente, ni hacerlo desaparecer del corazón del culpable.

Vendrá en la noche, espontáneamente y sin ser invitado, para que los hombres despierten y escruten su propio corazón.

Y vosotros, los que os pretendéis llamados a entender de lo justo y de lo injusto, ¿cómo podríais hacerlo si no miráis todos los hechos a plena luz del día?

Sólo así podríais saber que tanto el que está en pie como el caído no son sino un solo y mismo hombre, de pie en el crepúsculo, entre la noche de su yo grotesco y el día del dios de su yo.

Y que la piedra angular del tiempo no es superior a la piedra más hundida que hay en sus cimientos.»

Entonces un jurista preguntó: «Maestro, ¿qué nos decís de nuestras Leyes?»

Y él respondió:

«Os deleitáis haciendo leyes.

Y os deleitáis más aún quebrantándolas.

Como esos niños que jugando junto al mar levantan con paciencia castillos de arena, que luego destruyen entre risas.

Sin embargo, mientras levantáis vuestros castillos de arena, la mar trae más arena a la playa.

Y cuando los destruís, el mar se ríe con vosotros.

En verdad os digo que el mar ríe siempre con el inocente.

Mas, ¿qué sucede con aquellos para quienes la vida no es un mar, ni las leyes de los hombres son castillos de arena; con aquellos para quienes la vida es una roca, y la ley un cincel con el que pueden grabar su propia figura en la roca?

¿Qué sucede con el paralítico que odia a los danzantes?

¿Qué sucede con el buey que ama su yugo y

juzga al alce y al ciervo de las selvas vagabundos sin ley?

¿Qué sucede con la vieja serpiente que no puede mudar la piel y llama desnudas y desvergonzadas a las ostras?

¿Qué sucede con quien llega temprano a la fiesta de bodas, y una vez que se cansó y hartó de comer, se marcha diciendo que todas las fiestas son violaciones, y que los invitados son violadores de la ley?

¿Qué puedo decir de ellos, salvo que reciben como todos la luz del sol, pero de espaldas?

Sólo ven sus sombras, y sus sombras son sus leyes.

¿Qué es para ellos el sol sino crisol de sombras?

¿Y qué es acatar las leyes, sino encorvarse para rastrear las sombras sobre la tierra?

Mas, a vosotros que camináis de cara al sol, ¿qué sombras dibujadas en el suelo pueden deteneros?

A vosotros que viajáis con el viento, ¿qué veleta os marcará vuestro camino?

¿Qué ley humana será capaz de ataros si rompéis vuestro yugo, mas no contra la puerta de las prisiones levantadas por los hombres?

¿Qué ley habéis de temer si al danzar no tropezáis con las cadenas de hierro de los hombres?

Y, ¿quién os llevará ante los jueces si desgarráis

vuestras vestiduras pero no las abandonáis en el campo de hombre alguno?

Pueblo de Orfalís: Podéis cubrir el tambor, podéis aflojar las cuerdas de la lira; mas, ¿quién impedirá a la alondra del cielo cantar?»

Y un orador dijo: «Háblanos de la Libertad.»
Y él respondió:

«A las puertas de la ciudad y junto al fuego de vuestros hogares, os he visto de rodillas adorando vuestra propia libertad.

Como esclavos que se humillan ante el tirano y lo ensalzan mientras él los martiriza.

Sí, en el jardín del tiempo, a la sombra de la ciudadela, he visto a los más libres de vosotros llevar vuestra libertad como un yugo, como un dogal.

Y mi corazón sangró en mi interior: porque sólo seréis libres cuando el deseo de la libertad no sea un arnés para vosotros, y cuando dejéis de hablar de la libertad como de una meta y de un logro.

Seréis libres de verdad cuando vuestros días no transcurran sin preocupaciones, cuando vuestras noches no estén vacías de necesidad ni de pena.

Lo seréis cuando esas cosas acosen por todas partes vuestra vida y desnudos y sin ataduras consigáis sobreponeros a ellas.

.   .   .

Mas, ¿cómo podréis elevaros sobre vuestros días y vuestras noches sin romper antes las cadenas que atasteis, en el amanecer de vuestro entendimiento, alrededor de vuestro mediodía?

En verdad que eso que llamáis libertad es la más fuerte de vuestras cadenas, aunque sus eslabones relumbren al sol y deslumbren vuestros ojos.

Y, ¿qué si no fragmentos de vuestro propio yo es lo que queréis desechar para poder ser libres?

Si lo que queréis abolir es una ley injusta, debéis saber que esa ley fue escrita por vuestra propia mano sobre vuestra propia frente.

No conseguiréis borrarla quemando vuestros códigos ni lavando las frentes de vuestros jueces, aunque vaciéis todo un mar sobre ella.

Y si es a un tirano a quien queréis destronar, cuidad para que el trono que le habéis erigido en vuestro interior sea también destruido.

Porque, ¿cómo puede el tirano someter al libre y al altivo, si en su propia libertad no hay tiranía, ni vergüenza en su propio orgullo?

Y, si es una inquietud lo que queréis borrar, esa inquietud fue elegida por vosotros, nadie os la impuso.

Y si es un miedo lo que queréis borrar, sabed que el sitial del miedo está en vuestro corazón y no en el puño del temido.

· · ·

En verdad que todas las cosas se agitan dentro de vosotros en constante abrazo: las cosas que deseáis y las cosas que teméis; las cosas que rechazáis y las que amáis, las cosas que perseguís y las que evitáis.

Todas esas cosas se agitan dentro de vosotros como luces y sombras acopladas.

Y cuando la sombra se desvanece, la luz que queda se convierte en sombra de otra luz.

Y así vuestra libertad, cuando pierde sus cadenas, se convierte en cadena de otra libertad mayor.»

Y la Sacerdotisa habló de nuevo: «Háblanos de la Razón y de la Pasión.»

Y él respondió diciendo:

«Vuestra alma es a menudo campo de batalla en el que vuestra razón y vuestro juicio combaten contra vuestra pasión y vuestros apetitos.

Desearía ser yo el pacificador de vuestra alma, y convertir la discordia y el enfrentamiento de vuestros elementos en unidad y armonía.

Mas, ¿cómo podría hacerlo sin que vosotros mismos fuerais los pacificadores, los amantes de todos vuestros elementos?

La razón y la pasión son el timón y las velas de vuestra alma navegante.

Si vuestras velas o vuestro timón se rompen, no podríais sino flotar e ir a la deriva, o quedar inmóviles en la inmensidad del mar.

Porque si la razón gobierna sola es una fuerza que limita; y la pasión desgobernada es una llama que arde hasta su propia destrucción.

Por tanto, dejad que vuestra alma exalte, alce vuestra razón hasta la altura de la pasión, para que ésta pueda cantar.

Y dejadla dirigir vuestra pasión con el razonamiento, para que aquélla pueda vivir en su diaria resurrección y como el ave fénix renacer de sus propias cenizas.

Quisiera que considerarais vuestro juicio y vuestro apetito como dos huéspedes queridos.

En verdad que no rendiríais más honores a uno que a otro, porque quien atiende más a uno que a otro acaba perdiendo el afecto y la confianza de ambos.

Cuando en las colinas os sentéis a la sombra fresca de los álamos, compartiendo la paz y la tranquilidad de los campos y las praderas distantes, dejad que vuestro corazón diga en silencio: "Dios descansa en la razón".

Y cuando llegue la tormenta, y el huracanado viento sacuda el bosque y el trueno y el relámpago proclamen la majestad de los cielos, dejad que vuestro corazón sobrecogido diga: "Dios obra en la pasión".

Y puesto que vosotros sois un soplo en la esfera de Dios y una hoja en la selva de Dios, descansad en la razón y obrad en la pasión.»

Y una mujer pidió entonces: «Háblanos del Dolor.»

Y él respondió:

«Vuestro dolor es la eclosión de la envoltura que encierra vuestro entendimiento.

De igual modo que la semilla del fruto debe romperse para que su corazón salga al sol, así vosotros debéis conocer el dolor.

Y si lográrais mantener vuestro corazón en las diarias maravillas de los milagros de vuestra vida, el dolor no parecería menos maravilloso que vuestra alegría.

Y vosotros aceptaríais las vicisitudes de vuestro corazón como siempre habéis aceptado las estaciones que pasan sobre vuestros campos.

Y serenos velaríais en los inviernos de vuestro dolor.

Muchas de vuestras aflicciones las habéis escogido vosotros mismos.

Son el remedio amargo con que el médico que todos llevamos dentro cura vuestras enfermedades.

Por tanto, confiad en el médico y bebed su remedio en silencio, tranquilamente.

Porque su mano, aunque dura y pesada, está guiada por la mano tierna del Invisible.

Y la copa que brinda ha sido modelada, aunque queme vuestros labios, con la arcilla que el Alfarero humedeció con Sus propias lágrimas sagradas.»

Y entonces un hombre dijo: «Háblanos del Conocimiento de Uno Mismo.»

Y él respondió:

«En silencio, vuestros corazones saben los secretos de los días y de las noches.

Mas vuestros oídos ansían escuchar el eco del conocimiento de vuestro corazón.

Quisierais saber en palabras lo que siempre supisteis en pensamiento.

Quisierais tocar con vuestros dedos el desnudo cuerpo de vuestros sueños.

Y es bueno que así sea.

El recóndito manantial de vuestra alma necesita brotar y correr murmurando hacia el mar.

Y el tesoro de vuestra profundidad infinita se revelaría entonces a vuestros ojos.

Mas, no tratéis de pesar en balanzas vuestro tesoro desconocido.

Ni exploréis las porfundidades de vuestro conocimiento con cayados ni sondas.

Porque el yo es un mar infinito, inconmensurable.

No digáis: "He hallado la verdad", sino: "He hallado una verdad".

No digáis: "He encontrado la senda del alma". Decid más bien: "He encontrado al alma caminando por mi senda".

Porque el alma camina por todas las sendas.

El alma no va en línea recta, ni crece como una caña.

El alma se despliega como un loto de innumerables pétalos.»

Entonces un maestro dijo: «Háblanos de la Enseñanza.»

Y él respondió:

«Nadie puede revelaros nada que no yazga aletargado en el amanecer de vuestro conocimiento.

El maestro que pasea a la sombra del templo entre sus discípulos no da su sabiduría, sino más bien su fe y su afecto.

Si es de verdad sabio, no os obligará a que entréis en la casa de su sabiduría: os guiará sólo hasta el umbral de vuestro propio espíritu.

El astrónomo puede hablaros de su conocimiento del espacio, mas no podrá daros ese conocimiento mismo.

El músico podrá describiros el ritmo que existe en todo ámbito, pero no podrá daros el oído que capta ese ritmo ni la voz que le da eco.

Y quien está versado en la ciencia de los números, podrá hablaros de las relaciones entre el peso y la medida, pero no podrá conduciros a ellas.

Porque la visión de un hombre no presta sus alas a otro hombre.

Y de igual forma que cada uno de vosotros se halla solo en el conocimiento de Dios, así cada uno de vosotros debe estar solo en su conocimiento de Dios y en su conocimiento de la tierra.»

Y un joven dijo: «Háblanos de la Amistad.» Y él respondió:

«Vuestro amigo es la respuesta a vuestras necesidades.

El es el campo que sembráis con amor y cosecháis con agradecimiento.

El es vuestra mesa y el fuego de vuestro hogar. Porque os acercáis a él con vuestra hambre, y le buscáis sedientos de paz.

Cuando vuestro amigo os manifieste su pensamiento, no temáis el "no" en vuestra cabeza, ni retengáis el "sí".

Y cuando él permanezca en silencio, que vuestro corazón no deje de oír su corazón.

Porque en la amistad, todos los pensamientos, todos los deseos, todas las esperanzas nacen y se comparten con gozo y sin alardes.

Cuando os alejéis de vuestro amigo, no sintáis dolor.

Porque lo que más amáis en él quizá esté más

claro en su ausencia, igual que la montaña es más clara desde el llano para el que quiere subirla.

Y no permitáis que haya en la amistad otro interés que el que os lleve a profundizar en el espíritu.

Porque el amor que no busca más que la revelación de su propio misterio no es amor, sino una red tendida que sólo recoge la pesca inútil.

Que lo mejor de vosotros sea para vuestro amigo.

Si ha de conocer el flujo de vuestra marea, que también conozca su reflujo.

Porque, ¿qué amigo sería aquel que tuvierais que buscaros para matar las horas?

Buscadlo para vivir las horas.

Porque existe para colmar vuestra necesidad, no vuestro vacío.

Y haced que en la dulzura de la amistad haya risa y placeres compartidos.

Porque en el rocío de las cosas pequeñas, el corazón encuentra su alborada y se refresca.»

Y un humanista dijo: «Háblanos de la Conversación.»

Y él respondió:

«Habláis cuando dejáis de estar en paz con vuestros pensamientos.

Y cuando no podéis morar por más tiempo en la soledad de vuestro corazón, vivís en vuestros labios; y el sonido es entonces diversión y pasatiempo.

Y en la mayoría de vuestras charlas, vuestro pensamiento es asesinado en parte.

Porque el pensamiento es un pájaro del aire libre que en una jaula de palabras puede desplegar las alas, pero no volar.

Algunos de vosotros buscáis quien os hable por miedo a sentiros solos.

El silencio de la soledad descubre ante sus ojos la propia desnudez, y entonces quiere escapar.

Y hay otros que hablan sin conocimiento ni tino, y revelan una verdad que ni siquiera ellos conocen.

Y hay otros que poseen la verdad en su interior, pero no la traducen con palabras.

En el pecho de éstos el espíritu reside en medio de un silencio rítmico.

Cuando encontréis a un amigo en el camino o en el mercado, dejad que el espíritu mueva vuestros labios y guíe vuestra lengua.

Que la voz de vuestra voz hable al oído de su oído.

Porque su alma guardará la verdad de vuestro corazón como se guarda en la memoria el sabor del vino, cuando su color ya se ha olvidado y el vaso ya no existe.»

Y un astrónomo dijo: «Maestro, ¿qué nos dices del Tiempo?»

Y él respondió:

«Querríais medir el tiempo, infinito e inconmensurable.

Querríais ajustar vuestra conducta, e incluso dirigir la marcha de vuestro espíritu, de acuerdo con las horas y estaciones.

Desearíais hacer del tiempo un río y sentaros a su orilla para observar su corriente.

Sin embargo, lo infinito que hay en vosotros conoce la infinitud de la vida.

Y sabe que el ayer es sólo la memoria del hoy, y el mañana el sueño del hoy.

Y que lo que en vosotros canta y piensa mora en los límites de aquel primer momento que diseminó las estrellas por el espacio.

¿Quién de entre vosotros no siente que su capacidad de amar es ilimitada?

Y a pesar de ello, ¿quién no siente ese mismo amor, rodeado, aunque sin límites, en el centro de su ser, y sin ir de un pensamiento de amor a otro pensamiento de amor, ni de un acto de amor a otro acto de amor?

Y como el amor, ¿no es el tiempo indivisible e incomensurable?

Mas, si en vuestro pensamiento debéis medir el tiempo por estaciones, dejad que cada estación envuelva a las demás.

Y que el hoy abrace el pasado con nostalgia y el futuro con ansioso anhelo.»

Y uno de los ancianos de la ciudad dijo: «Háblanos del Bien y del Mal.»

Y él respondió:

«Puedo hablaros del bien que hay en vosotros, no del mal.

Porque, ¿qué es el mal sino el bien torturado por su propia hambre y por su propia sed?

En verdad que cuando el bien tiene hambre busca alimento incluso en oscuras cavernas, y cuando siente sed bebe hasta en aguas estancadas.

Sois buenos cuando sois uno con vosotros mismos.

Pero cuando no sois uno con vosotros mismos no sois malos.

Porque una casa dividida no es una cueva de ladrones; es sólo una casa dividida.

Y una nave sin timón puede navegar sin rumbo entre escollos peligrosos, sin hundirse.

Sois buenos cuando os esforzáis por dar de vosotros mismos.

Pero no sois malos cuando buscáis provecho para vosotros mismos.

Porque cuando lucháis por obtener provecho no sois más que una raíz que se aferra a la tierra y chupa de su seno.

La fruta no puede decir a la raíz: "Sé como yo, madura y plena, dando siempre de tu abundancia".

Porque para el fruto, dar es una necesidad, de igual modo que recibir lo es para la raíz.

Sois buenos cuando estáis completamente conscientes de vuestras palabras.

Mas no sois malos cuando estáis dormidos y vuestra lengua tartamudea sin propósito.

E incluso un hablar vacilante puede fortalecer una lengua débil.

Sois buenos cuando vais hacia vuestra meta con paso firme y audaz.

Pero no sois malos cuando os dirigís a ella cojeando.

Ni siquiera los que cojean retroceden.

Pero vosotros, fuertes y veloces, procurad no cojear delante de los lisiados con intención de mostrar delicadeza.

Sois buenos de muchas maneras, pero no sois malos cuando no sois buenos.

Sois en ese momento perezosos, indolentes.

Lástima que los ciervos no puedan enseñar su velocidad a las tortugas.

En vuestro anhelo por un yo superior descansa vuestro bien, y ese anhelo está en todos vosotros.

Pero, en algunos, tal anhelo es un torrente que se precipita con fuerza hacia el mar arrastrando los secretos de las colinas y las canciones del bosque.

En otros es un débil e indolente arroyuelo que se pierde en meandros consumiéndose antes de llegar al estuario.

Pero que quien mucho anhela no diga a quien poco desea: "¿Por qué eres lento y te paras tanto?"

Porque el que es verdaderamente bueno no pregunta al desnudo: "¿Dónde está tu ropa?", ni al vagabundo: "¿Qué le ha pasado a tu casa?".»

Entonces, una sacerdotisa dijo: «Háblanos de la Oración.»

Y él respondió:

«Oráis en vuestra angustia y en vuestras necesidades; mas, debéis orar también en la plenitud de vuestro gozo y en vuestros días de abundancia.

¿Qué es la oración sino la expansión de vosotros mismos en el éter viviente?

Y si para aliviaros volcáis vuestra oscuridad en el espacio, también para vuestro deleite debéis derramar en él el alba de vuestro corazón.

Y si sólo podéis llorar cuando vuestra alma os incita a la oración, también ella os incitará repetidas veces hasta que podáis reír.

Cuando oráis, os elevis para encontrar en el espacio a quienes en ese mismo momento están orando, y a quienes no podréis encontrar en ninguna otra parte fuera de la oración.

Por tanto, procurad que vuestra visita a ese invisible templo no sea más que éxtasis y dulce comunión.

Porque si entráis en el templo con el único propósito de pedir, no recibiréis.

Y si entráis para humillaros, no seréis levantados.

Y si lo hacéis para rogar por el bien de otros, no seréis escuchados.

Basta con que entréis en el templo invisible.

No puedo enseñaros a orar con palabras.

Dios no atiende vuestras palabras salvo cuando es El mismo quien las dice a través de vuestros labios.

Y yo no puedo enseñaros la oración de los mares, de los bosques y de las montañas.

Mas vosotros, nacidos de las montañas y los bosques y los mares, podéis encontrar su oración en vuestro corazón.

Y si os limitáis a escuchar en la quietud de la noche, le oiréis decir en el silencio: "Señor nuestro, que eres nuestro ser alado, es tu voluntad la que quiere en nosotros.

Es tu anhelo el que anhela en nosotros.

Es tu impulso el que en nosotros convierte nuestras noches, que son tuyas, en días, que también son tuyos.

Nada podemos pedirte, porque tú sabes nuestras necesidades antes de que nazcan en nosotros.

Tú eres nuestra necesidad, y dándonos más a ti mismo, nos lo ofreces todo".»

Entonces un ermitaño que visitaba la ciudad de todos los años, se adelantó y dijo: «Háblanos del Placer.»

Y él respondió:

«El placer es un canto de libertad, pero no es la libertad.

Es el florecimiento de vuestros deseos, mas no su fruto.

Es un abismo llamando a su propia cumbre, mas no es ni el abismo ni la cumbre.

Es el enjaulado que cobra alas, mas no es espacio cercado.

Sí, realmente el placer es una canción de libertad.

Y me gustaría que la cantaseis con todo vuestro corazón; mas no quisiera que perdieseis ese corazón en el canto.

Algunos de vuestros jóvenes buscan el placer como si el placer fuera todo, y son por ello juzgados y censurados.

Yo no los juzgaría, ni los censuraría. Les dejaría buscar.

Porque encontrarán el placer, pero no solo.

Siete son sus hermanas, y la más fea de ellas es más hermosa que el placer.

¿No oisteis hablar nunca del hombre que cavando la tierra en busca de raíces encontró un tesoro?

Algunos de vuestros mayores recuerdan los placeres entre arrepentimientos, como errores cometidos en estado de embriaguez.

Mas el arrepentimiento es como nubes sobre la frente, mas no el castigo.

Deberían recordar sus placeres con gratitud, como recuerdan la cosecha de un verano.

Mas si les alivia arrepentirse, dejad que se arrepientan.

Y hay entre vosotros algunos que no son ni jóvenes para buscar, ni viejos para recordar.

Y en su temor a la búsqueda y al recuerdo, rehúyen todos los placeres por miedo a menospreciar al espíritu o a ofenderle.

Mas esa renuncia misma es su placer.

Y de esa forma también encuentran su tesoro, aunque caven en busca de raíces con manos temblorosas.

Mas, decidme, ¿quién puede ofender al espíritu?

¿Ofende el ruiseñor el silencio de la noche? ¿Ofende el gusano de luz a los astros?

¿Molesta el viento vuestra llama o vuestro humo?

¿Creéis que el espíritu es un agua estancada que podéis enturbiar con un cayado?

Con frecuencia, rehusando el placer no hacéis sino almacenar deseo en las entretelas de vuestro ser.

¿Quien no sabe si lo que hoy hemos reprimido no brotará mañana?

Incluso vuestro cuerpo conoce su herencia y sus necesidades legítimas, y no quiere ser engañado.

Y vuestro cuerpo es el arpa de vuestra alma.

Y a vosotros os toca arrancar de ella música melodiosa o sonidos confusos.

Y ahora os preguntáis en vuestro corazón:

"¿Cómo distinguiremos en el placer lo que es bueno de lo que no lo es?"

Id a vuestros campos y a vuestros jardines: allí veréis que el placer de la abeja es libar la miel de la flor.

Mas también el placer de la flor es brindar esa miel a la abeja.

Porque para la abeja una flor es una fuente de vida.

Y para la flor una abeja es un mensajero de amor.

Y para ambos, abeja y flor, dar y recibir el placer son una necesidad y un éxtasis.

Pueblo de Orafalís, sed en vuestros placeres como las flores y las abejas.»

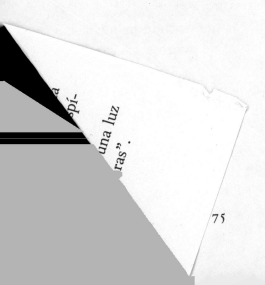

Y un poeta dijo: «Háblanos de la Belleza.»

Y él respondió:

«¿Dónde hallar la belleza y qué hacer para encontrarla si ella no es vuestro camino y vuestro guía?

¿Cómo podréis hablar de la belleza si no tejéis un ropaje adecuado a vuestras palabras?

El humillado y el ofendido dicen: "La belleza es amable y abundosa.

Camina entre nosotros como una joven madre, avergonzada casi de su propia gloria".

Y los apasionados dicen: "No, la belleza está hecha de fuerza y de terror.

Como la tempestad, que sacude la tierra bajo nuestros pies y el cielo sobre nuestras cabezas".

El hastiado y el aburrido dicen: "La belleza est[á] hecha de blandos murmurios. Habla en nuestro e[spí]ritu.

Su voz invade nuestros silencios como [luz] mortecina que tiembla de temor a las son[bras]

Mas el inquieto dice: "La hemos oído gritar entre las montañas.

Y a sus gritos, retumbó un rodar de cascos, el batir de alas y el rugir de fieras".

Durante la noche, los guardianes de la ciudad dicen: "La belleza vendrá con el alba desde Levante".

Y al atardecer, los labriegos y los caminantes dicen: "La hemos visto inclinarse sobre la tierra desde las ventanas del crepúsculo".

En invierno, el sitiado entre la nieve dice: "Vendrá con la primavera, saltando por las colinas".

Y en el calor del estío, los segadores dicen: "La hemos visto danzando entre las hojas del otoño y vimos torbellinos de nieve en su cabello".

Todo esto es lo que habéis dicho sobre la belleza.

Mas en verdad hablasteis no de ella, sino de vuestras necesidades insatisfechas.

Y la belleza no es una necesidad, es un éxtasis.

Ni una boca sedienta, ni una mano vacía que suplica.

Sino un corazón ardiente y un alma encantada.

No es la imagen que querríais ver, ni la canción que desearíais oír.

Es una imagen visible aunque cerréis los ojos, y una canción que oís aunque os tapéis los oídos.

No es la savia que corre bajo la rugosa corteza, ni un ala adherida a una garra.

Sino un jardín eternamente en flor, y una bandada de ángeles eternamente en vuelo.

Pueblo de Orfalís: la belleza es la vida cuando la vida alza el velo y muestra su rostro esencial y sagrado.

Mas vosotros sois la vida y el velo.

La belleza es la eternidad contemplándose en un espejo.

Y vosotros sois la eternidad y el espejo.»

Y un viejo sacerdote dijo: «Háblanos de la Religión.»

Y él respondió:

«¿Acaso hablé hoy de otra cosa?

¿No son religión acaso los actos y todos los pensamientos?

¿E incluso lo que no es ni acto ni pensamiento, sino un milagro y una sorpresa brotando siempre en el alma, hasta cuando las manos tallan la piedra o atienden el telar?

¿Puede alguien separar su fe de sus obras o sus creencias de sus trabajos?

¿Quién es capaz de extender sus horas ante sí mismo y decir: "Esta para Dios y ésta para mí, ésta para mi espíritu y ésta para mi cuerpo"?

Nuestras horas todas son alas que baten de ser a ser en el espacio.

A quien usa su moral como su mejor vestido, mejor le fuera andar desnudo.

Ni el viento ni el sol agrietarán su piel.

Y quien define su conducta con normas, enjaula a su pájaro cantor.

El canto más libre no viene de las rejas ni del interior de las jaulas.

Y aquel para quien la adoración es una ventana tanto para abrir como para cerrar, no conoce todavía la morada del espíritu, cuyas ventanas abiertas permanecen de aurora a aurora.

Vuestra vida cotidiana es vuestro templo y vuestra religión.

Siempre que entráis en él, lleváis encima cuanto os pertenece.

Lleváis el arado y la fragua, el martillo y el laúd y cuanto habéis hecho por necesidad o por capricho.

Porque en vuestros sueños no podéis alzaros por encima de vuestros triunfos ni caer más abajo de vuestros fracasos.

Y lleváis con vosotros a todos los hombres.

Porque en la adoración no podéis volar más alto que sus esperanzas, ni humillaros por debajo de su desesperación.

Y si conocierais a Dios no tendríais enigmas que descifrar.

Mirad mejor en torno vuestro, y le veréis jugando con vuestros hijos.

Y contemplad el espacio: Le veréis caminando por las nubes, desplegando Sus brazos en el relámpago y descendiendo en la lluvia.

Le veréis sonriendo en las flores y levantándose luego para agitar sus manos en los árboles.»

Etonces habló Almitra: «Ahora quisiéramos preguntarte sobre la Muerte.»

Y él respondió:

«¡Queréis conocer el secreto de la muerte!

Mas, ¿cómo conocerlo a menos que lo busquéis en el corazón de la vida?

El búho, de ojos sitiados por la noche que son ciegos por el día, no puede quitar el velo al misterio de la luz.

Si en verdad queréis contemplar el espíritu de la muerte, abrid de par en par vuestro corazón al cuerpo de la vida.

Porque la vida y la muerte son una, lo mismo que son uno el río y el mar.

En lo más hondo de vuestras esperanzas y deseos descansa vuestro silente conocimiento del más allá.

Y como semillas que sueñan bajo la nieve, así vuestro corazón sueña con la primavera.

Confiad en los sueños, porque en ellos se esconde el camino a la eternidad.

Vuestro miedo a la muerte no es más que el temblor del pastor de pie ante el rey, cuya mano va a posarse sobre él para honrarlo.

Bajo su miedo, ¿no está jubiloso el pastor sabiendo que podrá ostentar el sello del rey?

¿No le hace eso más consciente de su temblor?

Porque, ¿qué es el morir, sino entregarse desnudo al viento y fundirse con el sol?

¿Y qué es dejar de respirar, sino liberar la respiración de sus inquietos vaivenes para que pueda alzarse y expandirse y buscar sin trabas a Dios?

En verdad, sólo cantaréis realmente cuando bebáis del río del silencio.

Y sólo cuando hayáis alcanzado la cima de la montaña empezaréis a escalar.

Y sólo cuando la tierra reclame vuestros miembros, bailaréis en verdad.»

Había llegado la noche.

Y Almitra, la vidente, dijo: «Benditos sean este día, y este lugar, y tu espíritu que ha hablado.»

Y él respondió:

«¿Fui yo quien habló? ¿No fui también un oyente?»

Descendió entonces las gradas del Templo, y el pueblo le seguía. Y llegado a su barco se mantuvo de pie sobre cubierta.

Mirando de nuevo al pueblo, alzó la voz y dijo:

«Pueblo de Orfalís: El viento me ordena dejaros.

Aunque tengo menos prisa que el viento, debo irme.

Nosotros, los errantes que buscamos siempre el camino más solitario, no empezamos un día donde hemos concluido el anterior, ni hay aurora que nos encuentre donde nos dejó el crepúsculo.

Porque incluso mientras la tierra duerme, viajamos.

Somos semillas de una planta tenaz, y en nuestra

madurez y plenitud de corazón nos entregamos al viento y nos diseminamos.

Breves fueron mis días entre vosotros, más breves aún las palabras que os dije.

Mas, si mi voz muere en vuestros oídos y mi recuerdo se desvanece en vuestra memoria, entonces volveré.

Y con el corazón más lleno, y unos labios más obedientes al espíritu, volveré a hablaros.

Sí, volveré con la marea.

Y, aunque la muerte me esconda, y el silencio me envuelva, buscaré vuestro espíritu.

Y no buscaré en vano.

Si algo de cuanto os dije es verdad, esa verdad se manifestará por sí misma en una voz más clara y en palabras más idóneas para vuestros pensamientos.

Me voy con el viento, pueblo de Orfalís, mas no hacia el vacío.

Y si este día no llena plenamente vuestras necesidades y mi amor, entonces permitid que sea una promesa hasta que ese día llegue.

Cambian las necesidades del hombre, mas no su amor, ni tampoco su deseo de que este amor satisfaga sus necesidades.

Sabed pues que volveré del silencio.

La niebla que al amanecer se disipa dejando sólo rocío en los campos, se alza y se convierte en nube para volver a caer en lluvia convertida.

Y yo no he sido diferente de la niebla.

En la quietud de la noche caminé por vuestras calles, y mi espíritu penetró en vuestras casas.

Y los latidos de vuestro corazón sonaron en mi corazón, y vuestro aliento lo sentí en mi rostro, y a todos os conocí.

Sí, conocí vuestras alegrías y vuestros dolores, y cuando dormíais, vuestros sueños florecían en mis sueños.

Y entre vosotros estuve muchas veces como un lago entre las montañas.

He reflejado vuestras cimas y vuestras laderas, e incluso el paso de los rebaños de vuestros pensamientos y vuestros deseos.

Y a mi silencio llegaron en torrentadas la risa de vuestros niños, y los ríos anhelantes de vuestra juventud.

Y cuando llegaron a lo más hondo de mí, ni los torrentes ni los ríos dejaron de cantar.

Y algo más dulce que las risas, más intenso que los anhelos, llegó hasta mí.

Lo infinito que hay en vosotros.

El hombre inmenso del que no sois más que las células y los tendones.

Aquel en cuyo canto todas vuestras canciones no son más que vibración insonora.

El hombre inmenso por el que sois inmensos.

Y al mirarlo os vi y os amé.

Porque, ¿qué distancias puede alcanzar el amor que no estén en esa inconmensurable esfera?

¿Qué visiones, qué esperanzas, podrán remontarse por encima de ese vuelo?

Como gigantesco roble cubierto de flores de manzano es el hombre inmenso que en vosotros existe.

Su poder os ata a la tierra, su fragancia os eleva al espacio, y en su perdurabilidad sois inmortales.

Os han dicho que como una cadena sois tan débiles como el más frágil de sus eslabones.

Mas esto es sólo en parte verdad. También sois tan fuertes como el más fuerte de vuestros eslabones.

Mediros por vuestra acción más pequeña es medir el poder del océano por la fragilidad de su espuma.

Juzgaros por vuestros fracasos es como culpar a las estaciones por su inconstancia.

Sí, sois como un mar.

Y aunque los barcos varados esperan la marea en

vuestras costas, como el mar no debéis acelerar vuestras mareas.

Sois como las estaciones.

Y aunque en vuestro invierno neguéis vuestra primavera, ésta, que yace dentro de vosotros, sonríe en medio de su sueño y no se ofende.

No penséis que os hablo de este modo para que penséis: "Nos alabó. Sólo ha visto lo bueno que hay en nosotros".

Yo sólo os digo en palabras lo que vosotros mismos sabéis en pensamiento.

Pues, ¿qué otra cosa es el conocimiento que dan las palabras sino una sombra del conocimiento inexpresable?

Vuestros pensamientos y mis palabras son ondas de una memoria sellada que guarda nuestro ayer.

Y guarda también nuestros remotos días en que la tierra no nos conoció ni se conoció a sí misma.

Y las noches en que la tierra fue sacudida por el caos.

Sabios vinieron a vosotros para daros de su sabiduría. Yo en cambio he venido a tomar de vuestra sabiduría.

Y encontré lo que es mayor que la sabiduría.

Es un espíritu ardiente que tenéis en vosotros y que crece constantemente a expensas de sí mismo.

Mientras vosotros, ajenos a su expansión, lamentáis el marchitarse de vuestros días.

Es la vida en busca de vida en los cuerpos que temen la tumba.

Aquí no hay tumbas.

Estas montañas, estas llanuras son cuna y escalón.

Cada vez que paséis junto al campo donde dejasteis enterrados a vuestros antepasados, mirad bien y allí os veréis a vosotros mismos y a vuestros hijos cogidos de la mano.

En verdad, a menudo os alegráis sin saberlo.

Hubo otros que llegaron hasta vosotros, a quienes habéis dado riqueza, poder y gloria a cambio de promesas doradas hechas a vuestra fe.

Menos que una promesa os he dado, y sin embargo habéis sido generosos conmigo.

Me habéis dado la sed más honda después de la vida.

Os aseguro que no hay dádiva mayor para un hombre que la que convierte todos sus anhelos en labios abrasados y la vida toda en una fuente fresca.

Eso es mi honor y mi recompensa.

Siempre que acudo a beber a la fuente, encuentro sedienta el agua de la vida.

Y me bebe mientras yo bebo en ella.

. . .

Algunos me habéis juzgado orgulloso y demasiado esquivo a la hora de recibir vuestros obsequios.

Soy en verdad demasiado orgulloso para recibir salario, mas no obsequios.

Y aunque he comido frutos silvestres en las colinas cuando hubierais querido sentarme a vuestra mesa.

Y aunque he dormido en el pórtico del templo cuando me hubierais acogido de buena gana.

¿No era vuestro amable celo por mis días y mis noches lo que hizo más sabroso el alimento a mi paladar y coronó mi sueño de visiones?

Mas os bendigo aún por esto.

Dais mucho y no sabéis que dais.

En verdad la bondad que se mira a sí misma en el espejo se convierte en piedra.

Y una buena acción que se otorga a sí misma epítetos amables se convierte en fuente de maldición.

Algunos me habéis llamado solitario y embriagado en mi propia soledad.

Y habéis dicho: "Delibera con los árboles del bosque, pero no con los hombres.

Y solitario se sienta en las cimas de los montes y contempla nuestra ciudad a sus pies".

Cierto es que he subido a las colinas y caminado por lugares remotos.

¿Cómo podría haberos visto si no desde una gran altura o una gran distancia?

¿Cómo puede uno estar cerca sin encontrarse lejos?

Otros me llamaron sin palabras, diciendo:

"Extranjero, extranjero, amante de inalcanzables cimas, ¿por qué vives en las cumbres donde las águilas hacen sus nidos?

¿Por qué buscas lo inasequible?

¿Qué tormentas quieres atrapar con tu red?

¿Qué vaporosos pájaros cazas en el cielo?

Ven y se uno de nosotros.

Baja y calma tu hambre con nuestro pan y aplaca tu sed con nuestro vino".

En la soledad de sus almas decían estas cosas.

Mas, si su soledad hubiera sido más profunda, habrían comprendido que yo sólo buscaba el secreto de vuestra alegría y de vuestro dolor.

Y que sólo andaba a la caza de vuestro ser mejor, el que surca las alturas.

Mas el cazador también fue cazado.

Porque muchas de mis flechas sólo partieron raudas de mi arco para clavarse en mi propio pecho.

Y el que volaba también se arrastró.

Porque cuando mis alas se desplegaban al sol, su sombra sobre la tierra era una tortuga.

Y yo, el creyente, también fui el incrédulo.

Porque a menudo puse el dedo en mi propia llaga, para poder tener mayor confianza en vosotros y conoceros mejor.

Y con esa confianza y ese conocimiento os digo:

No estáis encerrados dentro de vuestros cuerpos, ni confinados en casas o campos.

Porque lo que sois vosotros habita en las montañas y vaga con el viento.

No es algo que se arrastre hacia el sol buscando calor, o cave agujeros en la oscuridad en busca de lugar seguro.

Sino algo libre, un espíritu que envuelve a la tierra y se mueve en el éter.

Si las mías fueron palabras vagas, no tratéis de aclararlas.

Vago y nebuloso es el principio de todas las cosas, mas no lo es su fin.

Y quisiera que os acordaseis de mí como de un principio.

La vida y cuanto en ella vive son concebidos en la niebla, y no en el cristal.

Y, ¿quién sino el cristal sabe que es niebla en ocaso?

Querría que os acordarais de esto al recordarme:
Que lo que en vosotros parece más débil y confuso, es lo más fuerte y más definido.

¿No ha sido vuestro aliento el que alzó y endureció la armazón de vuestros huesos?

¿Y no fue un sueño, que ninguno de vosotros recuerda haber soñado, el que edificó vuestra ciudad e hizo todo cuanto en ella existe?

Y si os fuera posible ver tan sólo las ráfagas de ese aliento y escuchar los murmullos del sueño, no oiríais ningún otro sonido.

Mas no veis ni oís; y está bien que así sea.

El velo que nubla vuestros ojos será rasgado por las manos que lo tejieron.

Y la arcilla que obstruye vuestros oídos, será horadada por los mismos dedos que la amasaron.

Y veréis.

Y oiréis.

No lamentaréis entonces haber conocido esa ceguera, ni haber estado sordos.

Porque ese día descubriréis los propósitos ocultos que hay en toda cosa.

Y bendeciréis lo mismo la oscuridad que la luz.»

. . .

Tras decir esto miró en torno suyo, y vio al piloto de su nave de pie junto al timón, mirando fijamente las velas desplegadas y la lejanía.

Y dijo:

«Paciente, muy paciente es el capitán de mi barco.

El viento sopla y las velas están impacientes.

Hasta el timonel reclama rumbo.

Sin embargo, mi capitán tranquilo aguarda mi silencio.

Y estos marineros que han oido el gran coro del mar, también me han escuchado con paciencia.

No esperarán más.

Estoy listo.

El arroyo ya llegó al mar, y una vez más la inmensa madre estrecha a su hijo contra su seno.

Adiós, pueblo de Orfalís.

El día toca a su fin.

Se cierra sobre nosotros como el nenúfar sobre su propia mañana.

Conservaremos cuanto se nos ha dado.

Y si no basta, volveremos a reunirnos y a tender juntos nuestras manos al dador.

No olvidéis que regresaré entre vosotros.

Un solo instante más, y mis afanes reunirán cuerpo y espuma para otro cuerpo.

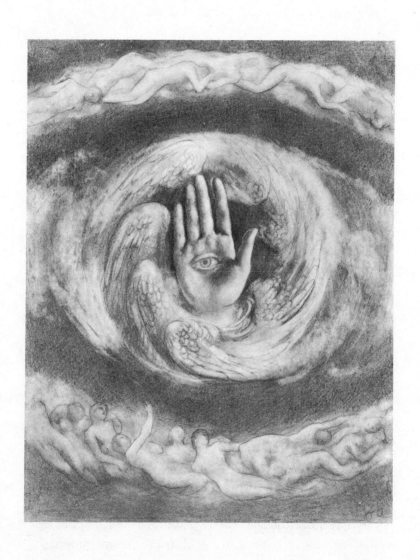

Un solo instante más, un momento de reposo en el viento, y otra mujer me dará a luz.

Adiós a vosotros y a la juventud que con vosotros pasé.

Ayer mismo nos encontramos en un sueño.

Habéis alegrado con vuestros cantos mi soledad, y con mis anhelos, yo he erigido una torre en el cielo.

Pero ahora nuestro sueño se ha disipado, y, concluido nuestro soñar, estamos en el alba.

El mediodía está sobre nosotros, y nuestro ensueño ya es día pleno.

Debemos partir.

Si en el crepúsculo de la memoria volvemos a encontrarnos, hablaremos de nuevo y una vez más me cantaréis vuestra canción más profunda.

Y si nuestras manos volvieran a encontrarse en otro sueño, volveremos a elevar otra torre hacia el cielo.»

Dicho esto, hizo una señal a los marineros y al punto levaron anclas, soltaron amarras e iniciaron su marcha hacia el este.

Y un clamor unánime brotó del pueblo hacia el cielo, remontándose entre las sombras del crepúsculo y propagándose sobre el mar como un inmenso clamor.

Sólo Almitra quedó en silencio, mirando cómo la nave se esfumaba en la niebla.

Y cuando el pueblo todo se hubo dispersado, ella permaneció todavía en el muelle, recordando en su corazón estas palabras que él había pronunciado:

«Un sólo instante más, un momento de reposo en el viento, y otra mujer me dará a luz.»